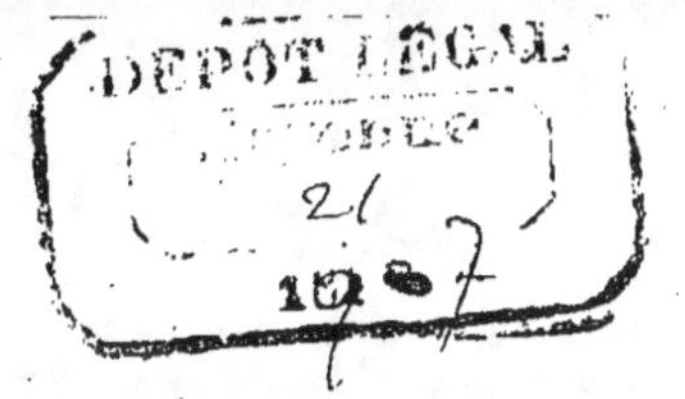

HENRY TURPIN

LE
Bouilleur de Cru
Maître chez lui

LAVAL

IMPRIMERIE L. BARNÉOUD & Cⁱᵉ

8, RUE RICORDAINE, 8.

1906

HENRY TURPIN

LE

Bouilleur de Cru

Maître chez lui

LAVAL

IMPRIMERIE L. BARNÉOUD & Cⁱᵉ

8, RUE RICORDAINE, 8

—

1906

AVERTISSEMENT DE L'AUTEUR

La nécessité de réglementer la production des eaux-de-vie naturelles est inéluctable. Elle l'est d'autant plus que la distillation est le seul remède efficace de la crise viticole et que, pour faire pénétrer l'eau-de-vie de vin dans la consommation, il faut d'abord que l'égalité fiscale existe.

Pour tout esprit impartial, il est impossible de concevoir que le Trésor public, que tous les contribuables et le Parlement qui les représente, laissent échapper à jamais une ressource annuelle de 50 à 100 millions !

Peut-on admettre dans un pays épris d'égalité et de justice, qu'il y ait deux sortes d'alcool : l'un qui paie tout et l'autre qui ne paie rien !

Il faut reconnaître toutefois que tous les systèmes de réglementation appliqués jusqu'à présent avaient le tort grave de ne pas respecter le domicile du producteur et de lui imposer des formalités difficiles et même vexatoires.

Le projet que nous soumettons cherche à concilier ces intérêts en apparence contradictoires. Nous apportons une loyale contribution à une œuvre d'intérêt général.

Ce projet n'est pas intangible et il peut être soumis à correction, mais du moins il présente un tout homogène et une base solide de discussion pour le prochain budget.

HENRY TURPIN.

Novembre 1906.

LES BOUILLEURS DE CRU

Dans cette question des bouilleurs de cru, l'attitude de la Régie nous rappelle la fable de l'avare et de la poule aux œufs d'or : l'administration a tout perdu en voulant tout avoir.

En effet, on vit rarement éclore en si peu de temps autant de règlements, de circulaires et d'instructions se complétant, se suppléant et se modifiant, que dans cette réglementation à outrance des bouilleurs de cru, qui commence en 1900, s'épanouit en 1903, pour mourir de pléthore en 1906.

C'est d'abord la loi du 29 décembre 1900, articles 9 à 12, suivie de la loi du 31 mars 1903, articles 12 à 22.

Ce sont ensuite les règlements du 19 août 1903, d'une fiscalité excessive, interprétés par les circulaires 520, 537, 538 et 578 des 4 avril, 24 août 1903 et 30 août 1904, atténués par les lettres autographiées des 30 octobre et 21 novembre 1903, n°s 79 et 85, sans compter la loi du 22 avril 1905 et la circulaire 600 du 25 du même mois ; soit la matière d'un gros volume qu'aurait dû connaître l'homme des champs, malgré son esprit sim-pliste, pour se mettre en règle avec la loi.

Perdus dans ce fatras d'obligations qu'ils comprenaient de moins en moins, pas plus d'ailleurs que les employés chargés des exercices, soumis à des visites et des contre-visites constantes, alors qu'on venait de supprimer l'exercice chez les débitants, les récoltants protestèrent vigoureusement par l'organe de leurs députés.

Pour donner un semblant de satisfaction à ces réclamations unanimes, on tempéra, par les lettres 79 et 85 précitées, les effets des règlements qui avaient sensiblement aggravé la loi ; mais dans l'application, les bouilleurs restèrent toujours aussi tracassés que par le passé.

La lutte contre la loi du 31 mars 1903 était dès lors ouverte aussi bien à la Chambre qu'au Sénat. Le Gouvernement résista d'abord, mais après quelques escarmouches à la rentrée des Chambres en 1905, et devant l'union compacte et le nombre croissant des protestataires que stimulait aussi l'intérêt de leur réélection, le Gouvernement céda sur toute la ligne, et la loi du 27 février 1906, qui faisait table rase de tout l'édifice fiscal élevé contre les bouilleurs de cru depuis 1900, fut votée à une écrasante majorité par les deux Chambres.

La leçon servira-t-elle à la Régie ? Nous voulons l'espérer, sachant que si son ardeur fiscale est parfois excessive, sa bonne volonté est du moins manifeste.

LE DÉFICIT. NÉCESSITÉ D'UNE RÉGLEMENTATION

Que résultera-t-il de la loi du 27 février 1906 ?

Des déficits et encore des déficits.

Force sera donc au Parlement de reconnaître son erreur et de revenir à une réglementation rationnelle et libérale du privilège des bouilleurs de cru, sans pour cela rétablir l'exercice à domicile qui frapperait de mort la loi à venir.

Le problème se circonscrit, dès lors, à ces données :

atteindre la production de l'alcool, sans pénétrer chez le producteur.

Est-il insoluble ? Nous ne le croyons pas.

Un essai loyal de l'emploi de bouilleurs ambulants assermentés qui distilleraient pour le compte des récoltants individuels, et de brûleries coopératives ou communes opérant pour le compte d'une collectivité de bouilleurs, donnerait d'excellents résultats.

Il n'est pas question ici de restaurer l'exercice de la Régie au domicile du récoltant, personne n'en veut plus.

Mais entre la suppression de l'exercice et l'abandon des taxes légitimes qui doivent frapper l'alcool, quels que soient sa provenance et son mode de production, il y a place assurément pour un système libéral qui respecterait le principe supérieur de l'égalité de tous les citoyens devant l'impôt.

Déjà, un projet répondant à cet idéal avait été déposé le 15 décembre 1905, comme amendement à la loi de finances de 1906, par MM. Maurice Ajam et Henri David, députés du Loir-et-Cher.

Ce projet, que la loi du 27 février 1906, rétablissant le privilège des bouilleurs de cru, rendit caduc, mérite d'être connu de nos lecteurs, quoique incomplet, pour atteindre le but que nous proposons.

Le voici :

N° 120
—
15 décembre 1905

CHAMBRE DES DÉPUTÉS
HUITIÈME LÉGISLATURE
Session extraordinaire de 1905

AMENDEMENT

**au projet de loi portant fixation du budget général
de l'exercice 1906**

(Voir les n°ˢ 2565-2681)

Présenté par MM. Maurice Ajam et Henri David
(Loir-et-Cher), députés

—

LOI DE FINANCES

Dispositions additionnelles

Art. A. — *A partir du 1ᵉʳ juillet 1906, les bouilleurs de
cru, propriétaires, fermiers ou métayers, visés dans les
articles 19 et 21 de la loi du 31 mars 1903 et qui voudront
faire distiller le produit de leur récolte, devront s'adresser
à un loueur d'alambics dùment agréé par l'administration
des contributions indirectes et assermenté.*

Art. B. — *Dans les trois mois qui suivront la promulga-
tion de la présente loi et ensuite, chaque année, dans le
premier trimestre, le directeur départemental des contributions indirectes établira, par canton, un tableau des
loueurs d'alambics agréés par l'administration et assermentés par le juge de paix.*

*Ce tableau sera affiché à la porte des mairies du canton
et au greffe de la justice de paix.*

Art. C. — *L'administration de la régie remettra à chaque loueur d'alambics assermenté un registre à souches
comprenant à chaque souche deux feuillets : l'un destiné au
récoltant, l'autre à l'un des receveurs-buralistes du canton
où la distillation aura lieu.*

*Le loueur assermenté qui aura opéré la distillation ins-
crira sur la souche et les feuillets y attachés la quantité*

distillée, laquelle ne pourra dépasser 100 litres d'alcool pur pour chaque bouilleur de cru. *Le registre contiendra également l'heure à laquelle la distillation aura commencé et celle à laquelle elle aura pris fin.*

La souche et les feuillets seront datés et signés par le loueur assermenté.

ART. D. — *Dans la quinzaine du jour de la distillation, le récoltant qui aura bénéficié des dispositions de la présente loi devra payer chez le receveur-buraliste de sa commune ou de la commune la plus rapprochée de son domicile une somme représentant 5o centimes par litre d'alcool pur distillé.*

ART. E. — *Lorsque le bouilleur de cru voudra mettre en vente des eaux-de-vie de sa consommation familiale, il devra en faire la déclaration au receveur-buraliste et payer, avant l'enlèvement des alcools de son domicile, le supplément du droit ordinaire.*

ART. F. — *Toute contravention aux dispositions de la présente loi sera punie des peines édictées par les deuxième et troisième paragraphes de l'article 14 de la loi du 29 décembre 1900.*

Les mêmes peines seront applicables à toute personne convaincue d'avoir facilité la fraude ou procuré sciemment les moyens de la commettre, sans préjudice des poursuites pour délit ou crime de droit commun.

ART. G. — *Sont abolies toutes les lois, ainsi que tous les décrets et règlements contraires à la présente loi.*

Tout en admettant le principe de ce projet qui a l'avantage d'être simple et clair, on peut critiquer la disposition limitant à 100 litres d'alcool pur pour chaque bouilleur la quantité à distiller. Cette restriction est inutile, si on admet que tout l'alcool produit devra être placé sous le lien de l'impôt par la prise en charge à un compte ouvert à chaque bouilleur, à l'aide des renseignements puisés à la recette-buraliste du lieu de distillation, où sera acquitté le droit initial de 50 centimes par litre d'alcool pur distillé.

L'obligation de payer le droit de consommation à

l'enlèvement inscrite dans l'article E existe déjà dans la législation actuelle (art. 1 et 6, loi du 28 avril 1816 et loi du 24 juin 1824, n° III) pour tous les alcools mis en vente par les bouilleurs de cru, et non seulement pour les alcools de leur consommation familiale. Il y aura lieu, dès lors, de substituer dans l'article E les mots « les eaux-de-vie en sa possession » à ceux « les eaux-de-vie de sa consommation familiale ».

Il doit être spécifié en outre, conformément au principe inscrit dans les articles 82 de la loi du 25 mars 1817 et 3 et 4 de la loi du 29 décembre 1900, que le droit de consommation ne sera payé au départ que pour les ventes faites aux simples consommateurs des campagnes ou des villes non sujettes à des taxes locales d'entrée ou d'octroi sur l'alcool, et que des acquits-à-caution seront levés dans tous les autres cas (Ventes à des négociants, débitants ou à destination de l'étranger et des villes sujettes à des taxes locales sur l'alcool).

Mais ce n'est pas tout, le projet Ajam ne s'occupe que de l'alcool vendu régulièrement, il ne dispose rien pour enlever tout intérêt aux ventes frauduleuses, si faciles aux bouilleurs de cru affranchis de tout contrôle. Cette lacune laisse la porte toute grande ouverte à la fraude. Pour la combler, il faut de toute nécessité organiser un système qui permette de frapper des droits les alcools enlevés clandestinement de chez les bouilleurs à la faveur du privilège.

Nous connaissons déjà, d'après le projet modifié comme nous l'indiquons, l'alcool fabriqué et l'alcool vendu sans fraude : le premier est pris en *charge*, et le dernier inscrit en *sortie* par la régie au compte *ad hoc*.

Si nous faisons la différence, nous trouvons le *doit rester* en alcool chez le bouilleur. Pour découvrir l'inconnu, le *manquant*, il suffira que ce bouilleur nous déclare ce qui lui *reste* ; nous admettrons même qu'il puisse rectifier sa déclaration avant de lui demander les droits sur les manquants ou de verbaliser en cas d'*excédent*, car nous répudions toute surprise.

Si donc le bouilleur nous déclare *plus* que le *doit rester* il encourt la saisie de l'excédent et alors, pour s'éviter un procès-verbal basé sur sa déclaration erronée, il devra permettre aux employés de vérifier les *restes* en cave.

Si au contraire il déclare *moins*, nous imposons le *manquant*, le bouilleur dûment averti. A ce moment encore, il pourra rectifier sa déclaration sauf la faculté pour la régie de contrôler cette rectification en s'assurant des restes en alcool.

La déclaration des restes ne serait exigée qu'une fois par an, avant la nouvelle campagne de distillation.

Donc, *une déclaration sincère ou une simple vérification en cas de déclaration erronée*, voilà tout ce que nous exigeons du bouilleur pour soumettre au droit l'alcool manquant à ses charges en sus de la consommation familiale.

Reste le cas où le bouilleur déclarera une quantité *égale au doit rester*. Cette hypothèse se présentera rarement, car le bouilleur ignorera le plus souvent la teneur du compte de régie, mais si enfin elle se produisait, le Trésor ne courrait aucun risque, puisqu'il aurait toujours sous la main le *doit rester* en cave, qui deviendrait imposable, soit au cas de non distillation la campagne suivante, soit au cas de vente déclarée à la régie, soit enfin au cas de déclaration erronée des *restes* à un moment ou à un autre.

La réforme que nous désirons ne serait pas complète, si elle passait sous silence la question *des distilleries coopératives agricoles* visées par l'article 22 de la loi du 31 mars 1903 ainsi conçu :

« *Seront personnellement dispensés de toute déclaration préalable et affranchis de tout exercice, et jouiront des déductions et allocations en franchise stipulées à l'article 19 (1), les propriétaires, fermiers et métayers réunis en syndicats professionnels ou en associations coopératives de distillation, qui déposeront leurs appareils et leurs alcools et effectueront la distillation des vins, cidres, poirés, lies, marcs, cerises ou prunes provenant exclusivement de leurs récoltes, dans des locaux agréés par la régie et gérés par lesdits syndicats ou associations.*

« *Les membres de ces syndicats ou associations pourront à tout instant retirer leurs alcools à la condition de payer les droits, déduction faite des allocations en franchise, ou, s'ils demandent le crédit de l'impôt, de se soumettre aux obligations prévues par les articles 19 et 20.*

« *Les dispositions des lois et règlements sur les distilleries sont applicables tant à l'agencement des locaux gérés par les syndicats ou associations coopératives, qu'aux opérations qui y sont pratiquées.*

« *Les membres de chaque syndicat ou association coopérative seront solidairement responsables de toutes les infractions à la loi commises dans le local commun* ».

L'article 18 de la loi du **22** avril 1905 a ajouté à ce 4e paragraphe la disposition suivante :

« *Toutefois, les syndicats professionnels ou associations coopératives pourront présenter à l'agrément de l'administration deux de leurs membres qui seront solidairement responsables des infractions commises dans le local commun et des droits sur les manquants constatés. sauf leur recours contre les membres du syndicat ou les associés tels qu'il sera réglé par les statuts* ».

Ce système était complété par l'organisation *d'ateliers publics de distillation* dont le but évident était de concentrer la production des petits bouilleurs de manière à les dispenser de subir dans leur domicile les vérifica-

____

(1) Déduction annuelle accordée aux entrepositaires pour ouillage, coulage et déchets de magasin. Allocation en franchise de **20** litres d'alcool pur.

tions du service, et à restreindre l'action directe des agents du fisc aux producteurs dont les opérations avaient une réelle importance. Ces ateliers ont leur base dans l'article 20 de la loi du 31 mars 1903 précitée qui permettait parallèlement la fabrication à domicile, et qui est ainsi conçu :

« *La fabrication peut avoir lieu soit à domicile, soit dans des locaux ou sur des emplacements, publics ou privés, déclarés à l'administration qui, dans ce dernier cas, fixe les jours et heures auxquels pourront avoir lieu les opérations...* ».

Pour pousser encore à la concentration de la production les bouilleurs de cru n'opérant que sur de minimes quantités, la loi du 22 avril 1905 décida que les récoltants distillant dans les ateliers publics désignés par l'administration, n'auraient ni à déclarer les stocks de vieilles eaux-de-vie, ni à supporter aucune ingérence des employés dans l'intérieur de leurs habitations ; que, de plus, le coût des acquits-à-caution nécessaires pour le double transport des matières premières et des produits fabriqués, serait réduit à 0 fr. 10, au lieu de 0 fr. 50 prix ordinaire. Voici d'ailleurs cette loi :

« ART. 12. — *L'administration des contributions indirectes désigne, dans chaque commune, après avis du conseil municipal, un ou plusieurs emplacements ou locaux publics où les propriétaires, fermiers et métayers pourront distiller ou faire distiller, à des jours et heures fixés dans la même forme, les vins, cidres, lies, marcs, cerises, prunes et prunelles provenant de leur récolte.*

ART. 13. — *Les propriétaires, fermiers et métayers qui usent de cette faculté sont dispensés de la déclaration des quantités en leur possession prévue par le deuxième paragraphe de l'article 20 de la loi du 31 mars 1903, ainsi que de toutes visites ou vérifications, autres que celles prévues par l'article 14 de la même loi (1), quand ils ne ramènent*

(1) Contrôle des appareils à distiller.

pas à leur domicile des quantités d'alcool supérieures à l'allocation en franchise prévue par l'article 19 (20 litres) ou qu'ils acquittent au comptant les droits sur les alcools ramenés au delà de cette quantité.

Les alcools produits dans les conditions prévues à l'article 12 au-delà des quantités allouées en franchise peuvent être emmagasinés en suspension des droits dans un local commun soumis aux visites du service des contributions indirectes et sans communication intérieure avec d'autres locaux contenant de l'alcool.

Toutefois, les propriétaires, fermiers et métayers bénéficiaires de l'article 21 de la loi du 31 mars 1903 (1), pourront ramener à leur domicile les quantités d'alcool fabriquées, quelles qu'elles soient, moyennant l'expédition prévue à l'article suivant et sans qu'elles puissent être prises en charge par la régie.

Art. 14. — Est fixé à 10 centimes, timbre compris, le coût des acquits-à-caution qui accompagnent les matières premières apportées, soit aux locaux et emplacements prévus à l'article 12, soit à la brûlerie d'un syndicat professionnel ou d'une société coopérative de distillation, ainsi que les eaux-de-vie emportées de ces locaux, emplacements et brûleries. Les eaux-de-vie ne peuvent être enlevées qu'après reconnaissance du service, ou, à défaut, à la fin des opérations de distillation de chaque journée.

Les propriétaires, fermiers ou métayers distillant ou faisant distiller dans les conditions indiquées à l'article 12 peuvent confondre leurs matières premières dans une même opération de distillation, si l'ensemble de ces matières premières donne une quantité inférieure à 20 litres d'alcool pur.

Art. 15. — Est accordée en franchise à titre définitif sans qu'elle puisse être en tout ou en partie reprise en charge lors d'une distillation ultérieure, l'allocation prévue par les paragraphes 2 et 3 de l'article 19 de la loi du 31 mars 1903 ».

La commission extra-parlementaire des alcools de 1902 a été unanime à déclarer que l'organisation des coopé-

____

(1) Amendement Morlot.

ratives de producteurs et des ateliers publics de distillation doit être favorisée et améliorée autant que le permettront les exigences fiscales, mais que, par contre, la franchise pour la consommation familiale et l'exonération des petits bouilleurs en vertu de l'amendement Morlot (art. 21 loi du 31 mars 1903) doivent disparaître comme injustes et arbitraires sous peine de faire échec à toute réforme.

Il faut reconnaître, en effet, que si la distillerie coopérative ne s'est pas développée et si les ateliers de distillation n'ont pas répondu aux espérances qu'on fondait sur eux pour atteindre tout l'alcool fabriqué et enrayer la fraude, la faute en est aux franchises que comportaient les lois de 1903 et 1905 et à l'abri desquelles des petits bouilleurs pouvaient produire sans aucune formalité de régie jusqu'à 50 litres d'alcool pur à leur domicile. Pourquoi se seraient-ils astreints, dès lors, aux sujétions des distillations en commun en dehors de chez eux et à des frais de transport inutiles ?

La réforme que nous proposons ne donnera donc de bons résultats qu'à la condition de ne pas tomber dans les mêmes errements.

C'est sous le bénéfice de cette réserve que nous acceptons le système des distilleries publiques ou coopératives, basé sur la législation antérieure fortement amendée.

Le régime des ateliers publics devra se confondre, en effet, avec celui des bouilleurs assermentés du projet Ajam, lesquels ne seront d'ailleurs autre chose que des exploitants d'ateliers communs de distillation.

En outre, tout le nouveau système reposera sur la prohibition absolue de toute distillation à domicile, afin d'éviter les nombreuses interventions des employés et les minutieuses obligations des bouilleurs que prescrivait la loi du 31 mars 1903, si difficilement supportée par les récoltants. Il n'y aura d'exception que pour les gros bouilleurs qui voudront se soumettre au règlement B du 15 avril 1881.

Par contre, plus d'exonération d'impôt en faveur de telle ou telle catégorie de bouilleurs de cru, mais seulement la même allocation familiale qu'en 1903, imposée à 0 fr. 50 le litre en volume, en attendant que le fonctionnement du nouveau régime ait fait ses preuves.

Ainsi, selon les vœux exprimés par *la Commission extra-parlementaire des alcools*, deux catégories de distillateurs de cru : *les coopératives ou syndicats professionnels* pour les récoltants qui voudront faire distiller d'importantes quantités de produits de cru, et auxquels les mélanges peuvent être indifférents, et *les bouilleurs assermentés ou bouilleurs à façon*, pour les petits producteurs, qui, convaincus de la supériorité de leur cru sur celui du voisin, tiennent à ne pas exposer leurs produits à des mélanges avec ceux des autres bouilleurs.

Il est certain au surplus, fait remarquer la même commission, que la fabrication en grand d'eaux-de-vie provenant de la réunion de vins divers distillés dans des appareils à jet continu donne un type unique, et le produit ainsi obtenu ne peut remplacer, soit les eaux-de-vie des divers crus, soit le résultat du mélange des eaux-de-vie provenant de divers vins mis en œuvre séparément et sur les lieux de production même.

Nous inspirant et des desiderata de la production, et des intérêts du commerce et du Trésor, nous espérons que notre projet réunira les suffrages de ceux qui ont le souci d'une plus équitable répartition des charges publiques.

*
* *

Réglementation de la production de l'eau-de-vie de cru sans pénétrer chez le récoltant.

PROPOSITION DE LOI

I

Article premier. — Les bouilleurs de cru, propriétaires, fermiers ou métayers qui voudront faire distiller le produit de leur récolte devront s'adresser, soit à des loueurs d'alambics agréés par l'administration des contributions indirectes, assermentés par le juge de paix et pouvant opérer à domicile, dans les dépendances ou le voisinage de la maison d'habitation du récoltant, soit à des exploitants d'ateliers publics de distillation, soit aux brûleries syndicales ou coopératives visées ci-après.

Toute distillation à domicile par le bouilleur de cru lui-même est et demeure interdite, à moins qu'il ne se soumette aux dispositions du règlement du 5 avril 1881.

Les matières premières soumises à la distillation par chaque bouilleur de cru ne pourront comprendre que les vins, cidres, lies, marcs, cerises, prunes et prunelles provenant exclusivement de sa récolte.

II

Loueurs assermentés

Article 2. — La Régie établira par canton une liste des loueurs d'alambics assermentés pour la distillation des eaux-de-vie de cru.

Cette liste sera affichée, un mois avant toute distillation, à la porte de la mairie de chaque commune.

Article 3. — La Régie remet à tout loueur assermenté un registre à souches, ou cahier journal, comprenant à chaque souche deux feuillets : l'un destiné au récoltant, l'autre au receveur buraliste le plus voisin du lieu de distillation.

Le loueur assermenté inscrira sur la souche et les feuillets y attachés, les quantités, espèces et rendement minimum en alcool des matières premières mises en œuvre et la quantité d'alcool distillée pour chaque bouilleur de cru à la fin de chaque journée.

Ces mentions seront signées par le loueur, tant à la souche qu'aux feuillets.

Le même registre devra mentionner également l'heure du commencement et de la fin de chaque distillation et le lieu où elle s'opère.

Il sera représenté aux employés de la Régie à toute réquisition.

Les dispositions des articles 11 de la loi du 29 décembre 1900 et 16 de la loi du 31 mars 1903, non contraires au présent article, restent applicables aux loueurs d'alambics assermentés.

III

Ateliers publics de distillation

Article 4. — L'administration des contributions indirectes désignera dans chaque commune, après avis du conseil municipal, un ou plusieurs locaux publics où les propriétaires, fermiers ou métayers pourront faire distiller à des jours et heures fixés dans la même forme les vins, cidres, lies, marcs, cerises, prunes et prunelles provenant de leur récolte.

III

Dispositions communes à tous les bouilleurs de cru.

Article 5. — Les propriétaires, fermiers et métayers qui usent de cette faculté sont dispensés de toute visite à domicile, de même que ceux qui ont recours aux loueurs assermentés.

Article 6. — Les droits sur les quantités d'alcool pur, défalcation faite d'une allocation familiale de 20 litres par an, accordée à titre définitif, sont payés comptant par le bouilleur de cru, à la recette-buraliste la plus proche, qui dans ce cas délivre un congé pour l'enlèvement de l'alcool des locaux et lieux de distillation.

La consommation familiale est soumise à un droit de 50 centimes par litre en volume payable à l'enlèvement de ces mêmes locaux.

En cas de non paiement immédiat sur les quantités dépassant la consommation familiale, les droits seront garantis par un acquit-à-caution, à soumissionner par le bouilleur de cru, et par l'ouverture du compte de régie prévu par l'article 9 ci-après.

Article 7. — Les alcools produits dans les ateliers publics de distillation peuvent encore être emmagasinés par acquit-à-caution, en suspension des droits, dans un local commun soumis aux visites du service des contributions indirectes et sans communication intérieure avec d'autres locaux contenant de l'alcool.

Est fixé à 10 centimes, timbre compris, le coût de l'acquit-à-caution qui doit accompagner, soit les matières premières soumises à la distillation, soit les eaux-de-vie emportées des brûleries après reconnaissance du service ou, à défaut, à la fin de chaque journée de distillation.

Les dispositions des articles 14 et 16 à 18 du décret

du 19 août 1903, non contraires aux articles 4 à 7 inclus de la présente loi, restent applicables aux ateliers publics de distillation.

Les acquits-à-caution qui auront servi à accompagner des alcools chez les bouilleurs de cru seront remis par ces derniers à la recette-buraliste, après l'expiration des délais de transport, sous peine de payer les doubles droits sur les alcools énoncés à ces titres de mouvement.

Art. 8. — Lorsque le bouilleur de cru voudra mettre en vente les eaux-de-vie en sa possession, il devra en faire la déclaration à la recette-buraliste et munir le transporteur d'un congé ou d'un acquit-à-caution, suivant que les droits devront être payés ou garantis au départ, d'après la législation en vigueur.

Art. 9. — Il est ouvert à chaque bouilleur de cru, ramenant à son domicile avec le crédit des droits les alcools qu'il a fait distiller, en quantité supérieure à 20 litres, un compte de régie comprenant : *aux charges,* les quantités d'alcool inscrites aux registres de distillation des brûleries où ils ont été distillés ou aux comptes de régie tenus par les employés pour ces établissements et figurant aux acquits-à caution servant au transport ; *aux sorties*, les quantités d'alcool enlevées de chez le bouilleur de cru au moyen d'expéditions de régie régulières.

Les restes d'alcool en cave seront déclarés chaque année à la recette-buraliste par le bouilleur de cru, un mois avant l'ouverture de la prochaine campagne de distillation, et, en cas de non distillation, à la fin du douzième mois. En cas de vente totale la déclaration sera négative.

Les manquants résultant de la balance du compte, abstraction faite des mêmes déductions que chez les marchands en gros et de l'allocation familiale de 20 litres spécifiée à l'article 6, seront soumis aux droits lors de l'arrêté annuel effectué dans le mois qui suivra la déclaration des restes.

Les excédents accusés par la balance du compte seront pris en charge par procès-verbal. Toutefois, le bouilleur de cru aura la faculté de rectifier verbalement sa déclaration des restes en cave, en faisant vérifier ces derniers par les employés de la régie lorsqu'ils se présenteront pour encaisser les droits sur les manquants ou pour constater l'excédent résultant de la balance des écritures.

Les bouilleurs de cru ne faisant pas distiller au-delà de leur consommation familiale sont exempts de tout compte de régie, mais ils sont tenus de se conformer aux dispositions de l'article 8 en cas de vente de leur alcool.

<h2 style="text-align:center">IV</h2>

Syndicats ou associations coopératives de distillation.

Art. 10. — Seront personnellement dispensés de toute déclaration préalable et affranchis de tout exercice et jouiront des déductions et allocations en franchise stipulées aux articles 6 et 9 de la présente loi, les propriétaires, fermiers et métayers réunis en syndicats professionnels ou en associations coopératives de distillation, qui déposeront leurs appareils et leurs alcools et effectueront la distillation des vins, cidres, poirés, lies, marcs, cerises, prunes et prunelles provenant exclusivement de leurs récoltes, dans des locaux agréés par la régie et gérés par lesdits syndicats ou associations.

Les membres de ces syndicats ou associations pourront à tout instant retirer leurs alcools, à la condition de payer les droits, déduction faite des allocations en franchise ou, s'ils demandent le crédit de l'impôt, de se soumettre aux obligations prévues par les articles 4 et 9 qui précèdent.

Les dispositions des lois et règlements sur les distilleries sont applicables tant à l'agencement des locaux gérés par les syndicats ou associations coopératives qu'aux opérations qui y sont pratiquées.

Les membres de chaque syndicat ou association coopérative seront solidairement responsables de toutes les infractions à la loi commises dans le local commun.

Toutefois, ces syndicats ou associations pourront présenter à l'agrément de l'administration deux de leurs membres qui seront solidairement responsables des infractions commises dans le local commun et des droits sur les manquants constatés, sauf leur recours contre les autres membres tel qu'il sera réglé par les statuts.

Les articles 19 et 20 du décret du 19 août 1903 sont applicables aux syndicats et associations visés par le présent article.

V

Sanctions

Art. 11. — Les contraventions aux dispositions de la présente loi sont punies des peines édictées par les deuxième et troisième paragraphes de l'article 14 de la loi du 29 décembre 1900.

Les mêmes peines sont applicables à toute personne convaincue d'avoir facilité la fraude ou procuré sciemment les moyens de la commettre.

Dans tous les cas, l'article 463 du Code pénal pourra être appliqué en faveur des délinquants.

VI

Acquits blancs

Art. 12. — Les alcools fabriqués dans les conditions réglées par la présente loi jouiront du bénéfice des dispositions de l'article 23 de la loi du 31 mars 1903 et de l'article 25 de la loi du 6 août 1905, concernant le régime des acquits blancs avec certificat d'origine.

VII

Abrogations

Art. 13. — Les dispositions des lois du 29 décembre 1900, 31 mars 1903 et du décret du 19 août 1903, contraires à la présente loi, sont abrogées, de même que les lois du 22 avril 1905, 27 février et 17 avril 1906.

Art. 14. — Un règlement d'administration publique pourra déterminer les mesures d'application de la présente loi, sans l'aggraver, dans le cas où sa mise à exécution en révèlerait la nécessité.

LAVAL. — IMPRIMERIE L. BARNÉOUD ET Cie.

www.ingramcontent.com/pod-product-compliance
Lightning Source LLC
LaVergne TN
LVHW010125060726
842524LV00005B/1737